gato
gatto

coelho

coniglio

cão

cane

pintainho

pulcino

pato
anatra

ovelha

pecora

cabra
capra

porco

maiale

burro

asino

cavalo

cavallo

vaca

mucca

rato

topo

morcego

pipistrello

abelha

ape

aranha

ragno

raposa

volpe

veado

cervo

esquilo

scoiattolo

porco-espinho

riccio

coruja

gufo

sapo

rana

cobra
serpente

guaxinim

procione

papagaio

pappagallo

tucano

tucano

jacaré

alligatore

tartaruga marinha

tartaruga marina

flamingo

fenicottero

pinguim

pinguino

caranguejo

granchio

medusa

medusa

foca

foca

tubarão

squalo

baleia

balena

orca

orca

estrela do mar

stella marina

rinoceronte

rinoceronte

panda

panda

macaco

scimmia

leão

leone

tigre

tigre

elefante

elefante

www.ingramcontent.com/pod-product-compliance
Lightning Source LLC
LaVergne TN
LVHW071204160826
845679LV00003B/746